VAMOS ACORDAR O DIA?

Histórias de uma linha só

© (2018) João Luís Anzanello Carrascoza

Coordenação editorial: Graziela Ribeiro dos Santos
Assistência editorial: Olívia Lima
Revisão: Carla Mello Moreira

Projeto gráfico e edição de arte: Rita M. da Costa Aguiar
Produção industrial: Alexander Maeda
Impressão: Bartira Gráfica

Dados Internacionais de Catalogação na Publicação (CIP)
(Câmara Brasileira do Livro, SP, Brasil)

Carrascoza, João Anzanello
   Vamos acordar o dia? : histórias de uma linha só /
João Anzanello Carrascoza ; ilustrações Sandra
Jávera. -- São Paulo : Edições SM, 2018.

   ISBN 978-85-418-2038-7

   1. Literatura infantojuvenil I. Jávera, Sandra.
II. Título.

18-20036   CDD-028.5

Índices para catálogo sistemático:

   1. Literatura infantil 028.5
   2. Literatura infantojuvenil 028.5

   Iolanda Rodrigues Biode – Bibliotecária – CRB-8/10014

Grafia conforme o novo Acordo Ortográfico da Língua Portuguesa

1ª edição outubro de 2018
2ª impressão 2019
Todos os direitos reservados a
EDIÇÕES SM
Rua Tenente Lycurgo Lopes da Cruz 55
Água Branca 05036-120 São Paulo SP Brasil
Tel. (11) 2111-7400
www.edicoessm.com.br

Fonte: Museo Sans
Papel: Couché Fosco 150 g/m^2

JOÃO ANZANELLO CARRASCOZA ILUSTRAÇÕES SANDRA JÁVERA

VAMOS ACORDAR O DIA?

Histórias de uma linha só

ACORDEI
Pra dar corda de novo na minha vida.

MANHÃ
Nós, crianças, na escola. Em casa, travesseiros ao sol.

RESPINGO
O passarinho bicou o céu. Uma gota de azul pingou aqui.

FAMÍLIA
Uma história costurada na outra.

PRIMAVERA
Mesmo sem a gente ver, a flor é flor.

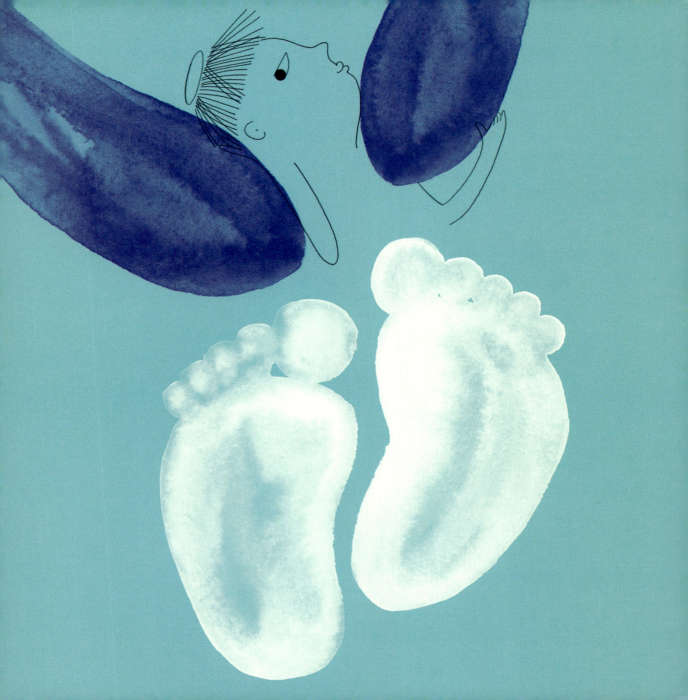

CHEIRO
– Pai, pé de anjo tem chulé?

ROUPA

A cortina é o vestido da janela.

TARDE
Lá fora, o sol vermelho como marmelada.

MEU IRMÃO CRESCEU
Agora quem usa as roupas dele sou eu.

VERÃO
Tchibum! Saí da água ensopado de alegria.

ENGANO
Quando vi a areia da praia, pensei: quanta paçoquinha!

O MAR
Sabe onde ele se banha? No horizonte.

DEFINIÇÕES
Chuva: xixi de anjo. Trovão: pum.

OUTONO
A folha se soltou do ramo. Tchau, árvore...

PERGUNTA
– Mãe, pra onde vai o sonho quando a gente acorda?

DÚVIDA
É azeitona ou cocô de carneiro?

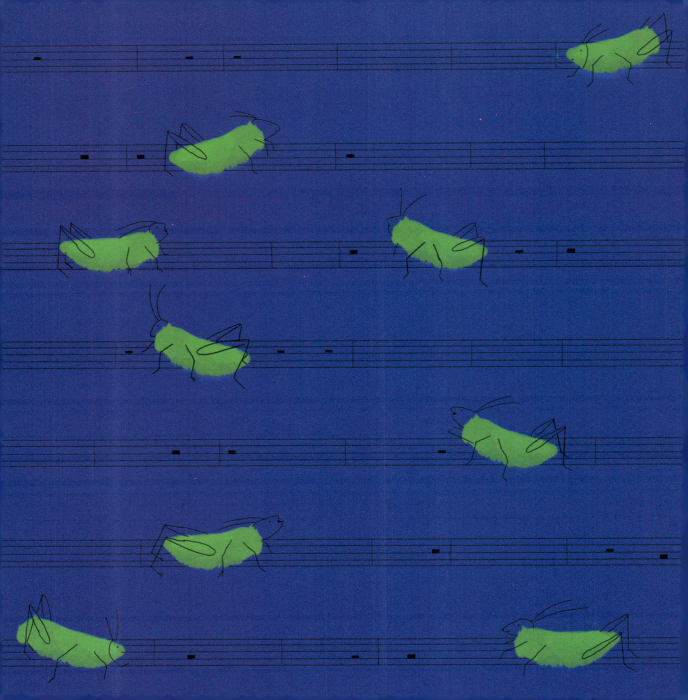

NOITE
Entre um grilo e outro, o silêncio.

ESTRELAS
É isso que dá fazer furos no céu...

INVERNO
Quando a gente fala, sai fumacinha da boca.

FESTA JUNINA
Abri a janela e vi as bandeirinhas do Volpi!

BARULHO
É bicho papão? Não, é o ronco do vovô.

AO CONTRÁRIO
Mamãe encostou a cabeça no meu colo e dormiu.

SOBRE O AUTOR

João Anzanello Carrascoza nasceu em Cravinhos, cidade do interior de São Paulo, em 1962. Desde menino, gosta de ouvir e contar histórias, compridas ou de uma linha só, como essas que você acabou de ler. É autor de romances e livros de contos, que lhe valeram importantes prêmios literários. Pela SM, publicou também *O homem que lia as pessoas* (2007), *Tempo justo* (2016) e *Caixa de brinquedos* (2017).

SOBRE A ILUSTRADORA

Sandra Jávera nasceu na cidade de São Paulo, em 1985. Adora desenhar e brincar com cores e personagens. Ela vive em Nova York, nos Estados Unidos, onde colabora com diversas revistas e jornais. Trabalha ilustrando livros para crianças e adultos, além de criar estampas e peças de cerâmica. Pela SM, ilustrou também *A caixa de Klara* (2014).